NOTICE HISTORIQUE

SUR LE

GÉNÉRAL MARCEAU

> « Les Français l'adoraient, ses
> ennemis l'admiraient, les uns et
> les autres le pleurèrent. »

PARIS

LIBRAIRIE MILITAIRE

ANDRÉ SAGNIER, ÉDITEUR

31, RUE BONAPARTE, 31

1878

MARCEAU

I

Marceau soldat

Qui ne connaît l'histoire de ce chevalier sans peur et sans reproche de nos armées de la République, brave comme Kléber, beau comme Hoche et aussi dévoué qu'eux, terrible comme un lion, doux comme un enfant.

François-Séverin Desgraviers, plus connu sous le nom de Marceau, naquit le 1er mars 1769, à Chartres (Eure-et-Loir).

Quittant l'étude du droit, il s'engagea, le 2 décembre 1785, dans le régiment d'Angoulême (infanterie). Il avait alors seize ans.

Le 14 juillet 1789 il était en permission à Paris. Le peuple se portait en foule à la Bastille, cette prison séculaire que l'on voulait détruire. Il se mêla au combat et assista à la prise de la redoutable citadelle. A la suite de cet événement, un décret ayant libéré du service militaire les soldats qui y avaient pris part, Marceau, rayé des contrôles, se trouva rendu à la vie civile.

Mais peu après, la patrie étant menacée, dans toutes les provinces les volontaires s'enrôlaient pour aller aux frontières s'opposer aux envahisseurs. C'est alors que Marceau fut nommé capitaine, à la formation du 1er bataillon des volontaires d'Eure-et-Loir, le 6 novembre 1791; adjudant-major le 6 décembre suivant, et lieutenant-colonel en second, le 25 mars 1792. Il se fit remarquer en cette qualité pendant la campagne sous les ordres de Lafayette.

Il était à Verdun quand cette place dut capituler, le 31 août 1792 ; mais bientôt le canon tonnait à Valmy et la victoire nous rendait Verdun. Il quitta l'infanterie pour entrer comme lieutenant en premier dans les cuirassiers légers de la légion germanique, le 4 septembre 1792; puis, comme capitaine au 19e régiment de chasseurs à cheval, le 1er mai 1793.

Il suivit le général Westermann en Vendée, sur ce même terrain où il devait peu de temps après commander en chef. C'est à cette époque qu'il fut dénoncé par le conventionnel Bourbotte, comme complice de son général et qu'il faillit être guillotiné. Fort heureusement on intervint en faveur de Marceau : le terrible Tribunal révolutionnaire l'acquitta.

Le jour du combat de Saumur, par les Vendéens, le 9 juin 1793, Bourbotte est sur le point d'être pris. L'ennemi le pressait de toute part. Déjà le malheureux se voyait prisonnier, quand un cavalier, se dévouant, descend de son cheval et le lui donne. Le cavalier c'était Marceau, sauvant ainsi la vie à son dénonciateur. Du reste, Bourbotte, à partir de ce moment, fu tout dévoué à celui qu'il avait d'abord poursuivi et dans plus d'une occasion il trouva moyen de lui prouver sa reconnaissance.

Le 15 juin 1793 il fut nommé adjudant général, chef de bataillon, à l'armée des côtes de la Rochelle; il se distingua aux affaires de Chemillé, de Bressuire, de Naudières et de Chantonnay (5 septembre), où il perdit deux chevaux. Malgré son audace et un courage qu'on peut appeler de la témérité, malgré l'héroïsme avec lequel il combattit à Chantonnay, Marceau échappa au massacre sans avoir été atteint, quoiqu'il n'eût pas ménagé sa personne.

A l'attaque de la Tremblaye et de Cholet, les Mayençais, amenés par Kléber, et les troupes de la colonne de Luçon, commandées par Marceau, décident la victoire. Le combat avait duré avec acharnement pendant quatre heures. Kléber, en parlant de l'attitude de Marceau pendant cette bataille, écrivait:

« Le centre, formé de la colonne de Luçon, aux ordres de Marceau, était parfaitement couvert, et ce jeune et brave guerrier avait déjà fait voir au château de Tremblaye, ce qu'il valait et ce qu'il pouvait faire. Toute la gloire de cette journée, ajoute-t-il, appartient à l'armée de Mayence et à la colonne de Luçon.

Le lendemain de la victoire, le 16 octobre 1793, les représentants du peuple près l'armée de l'Ouest le nommèrent provisoirement général de brigade, grade dans lequel il fut confirmé le 5 novembre, et le 10 du même mois il était nommé général de division.

II

Marceau à la bataille du Mans

Général de division à 24 ans, et investi par intérim du commandement en chef de l'armée de l'Ouest, nous le voyons accomplir des actions héroïques pendant la terrible bataille du Mans.

« Dans une charge de cavalerie, Marceau et La Rochejaquelein se trouvèrent en présence. Ils se reconnurent à leur panache ; mais, animés d'une haute estime l'un pour l'autre, ils baissèrent spontanément leurs épées. Ils avaient encore toute la blancheur de leur âme. »

Dans cette bataille sanglante où périrent 10.000 soldats républicains et 20.000 Vendéens, Kléber et Marceau furent sublimes d'humanité. Ils sauvèrent quelques victimes isolées, parmi lesquelles était une jeune fille qui s'appelait Mlle Desmesliers.

Elle avait à peine dix-huit ans. Son père, ses frères, sa famille avaient disparu. Elle voulait mourir. Marceau lui persuada que peut-être ils vivaient encore, qu'on les chercherait, qu'on les trouverait et qu'on les ramènerait. Elle fut conduite à Laval ; dans la seule voiture que possédât l'état-major.

Marceau, poursuivant l'ennemi, ne s'arrêta qu'un jour à Laval, il alla avec Kléber voir sa protégée. Quelque temps après, ils étaient tous deux à Savenay, et la jeune fille, privée de ses défenseurs fut arrêtée. On lui fit son procès et elle fut exécutée. On commença même une instruction contre les deux généraux, les accusant d'avoir voulu sauver des rebelles. L'accusation était grave et aurait pu avoir des conséquences funestes pour eux.

Mais Bourbotte, à qui Marceau avait sauvé la vie à Saumur, était à Laval. Il eut connaissance de l'affaire. Il déclara que si Marceau montait à l'échafaud, il y monterait avec lui. « L'ascendant de la vertu triompha de la bonté des cœurs, Marceau fut acquitté. »

Sergent, dans ses *Notices sur Marceau*, résume ainsi cet incident :

« Ce qu'il y a de vrai, c'est qu'à la bataille du Mans, une jeune fille prit part au combat. Poursuivie par des soldats, elle fut rencontrée par Marceau, qui la fit conduire au quartier général par l'adjudant général Savary. Par ses soins, elle fut confiée à un respectable curé de campagne. Il ne la revit plus... Elle mourut sur l'échafaud, lui léguant une petite montre de peu de valeur. Marceau la pleura longtemps après, regrettant de n'avoir pu lui sauver la vie. »

III

**Armée des Ardennes. — Bataille de Fleurus.
Armée de Sambre-et-Meuse**

Le 15 avril 1794 Marceau fut envoyé à l'armée des Ardennes, où il retrouva Kléber et fut chargé du commandement de l'avant-garde. Là, comme auparavant, il se distingua par ses talents, sa bravoure et son humanité. Ces qualités le rendirent de plus en plus cher à ses soldats et à l'ennemi. Au mois de mai il fut placé en observation devant Charleroi, et prit part à tous les combats engagés sur ce point.

Les deux divisions de l'armée des Ardennes, commandées par Marceau, combattent à la grande bataille de Fleurus, le 26 juin 1794. Ces deux divisions, composées presque entièrement de recrues, avaient été repoussées de leurs positions et rejetées dans les bois. Là, les soldats, nullement habitués au feu, étaient démoralisés dès le début. Marceau fait tout pour les entraîner au feu, mais sa voix est impuissante. Marceau ne veut pas reculer ; il ne reculera pas. Le jeune général n'a que son état-major avec lui ; eh bien, il se fera tuer avec son état-major. « Cependant il y a mieux à faire que de s'offrir ainsi en victime héroïque, mais inutile. Le village de Lambusart est à deux pas. Lambusart est important, indispensable pour soutenir l'extrême droite de l'armée. Marceau s'y jette avec quelques compagnies qu'il a pu rallier. Il n'a pas grand espoir d'y tenir longtemps, avec si peu de monde ; mais du moins il tiendra tant qu'il pourra, et l'ennemi, s'il y entre, ne trouvera plus que son cadavre. Le général de l'armée autrichienne s'étonne de cette résistance qu'il rencontre. Le général Lefèvre voit le danger et fait soutenir la troupe héroïque qui lutte en désesperée.

« Ce point devient alors le centre même de la bataille. Le général autrichien (Beaulieu) y dirige toutes les forces dont il peut disposer, et le général en chef, Jourdan, de son côté, y envoie le reste de sa réserve. Une lutte héroïque s'engage autour de ce village, changé en citadelle. Le feu devient meurtrier, le canon tonne sans discontinuer, et la mitraille fait rage. Le feu prend aux guérets qui couvrent encore les champs, les baraques brûlent à leur tour ; l'on ne se voit plus, on combat au milieu d'un incendie, dans une mer de flammes ; la fumée vous aveugle, mais on tire au hasard, on lutte toujours, et ce combat de géants menace de s'éterniser.

A ce moment, Marceau reparaît ; le voilà qui charge de nouveau. Enfin, les Autrichiens cèdent et se retirent. Nous restons maîtres de Lambusart. Le combat a été rétabli sur tous les points. La victoire est à nous ; elle a été chaudement disputée et chèrement achetée. Il est sept heures et l'on se bat depuis le point du jour. »

Le 18 septembre de cette même année l'armée devait passer la Meuse. Jourdan l'avait chargée d'attirer l'ennemi sur la gauche pour dégager le point où le passage devait s'effectuer. Scherer, pendant ce temps, avait traversé la rivière et franchi l'Ourthe. Il arriva devant l'Ayvaille, qui coule dans un lit profond, encaissé entre deux rives escarpées. Marceau donna l'exemple aux soldats ; il entra dans l'eau et passa l'Ayvaille sous le feu même de l'ennemi, escaladant la colline opposée, d'où il chassa La Tour, le général ennemi, et les forces qu'il commandait.

Le 2 octobre, nouvelle bataille. Marceau attaqua Duerevo et enleva la ville.

Ensuite Jourdan chargea Marceau de gagner Coblentz, qui capitula le 23. « Marceau a rempli sa tâche, mon cher camarade, écrivait Jourdan à Kléber, il a pris Coblentz. »

En juin 1795, c'est Marceau qui fut chargé de la garde du pont de Neuwied et qui en même temps bloquait Ehrenbreitstein.

Lord Byron, dans les notes de *Childe Harold*, parle de ce siége : « Dans une chambre où j'ai couché, à Ehrenbreistein, on m'a montré la fenêtre à laquelle Marceau s'était placé pour observer les progrès du siége à la clarté de la lune, lorsqu'un boulet vint frapper immédiatement au-dessous. »

Pendant la campagne de 1796, il bloqua

Mayence, couvrit la frontière et soutint avec succès la retraite de l'armée de Jourdan, repoussée par l'archiduc Charles.

IV

La mort de Marceau

« Le corps d'armée commandé par Marceau s'était retiré de la position de Trolingen, le 19 septembre 1796, à sept heures du matin. Vers dix heures, il avait entièrement défilé par la route d'Alt-Kirken jusqu'à la sortie de Hochtsbach, en avant de Walachrod.

« L'ennemi suivait de près; le général venait de recevoir l'ordre de tenir le plus qu'il serait possible, afin de couvrir la marche des autres divisions qui défilaient de la Lahn sur Alt-Kirken. Une partie de sa colonne devait rebrousser chemin, et il fallait que l'arrière-garde, postée à la lisière du bois, pût lui en donner le temps. Le général, après avoir placé sur deux mamelons six pièces d'artillerie légère qui battaient à mitraille la sortie du bois, s'avance lui-même pour reconnaître l'ennemi. Il était accompagné de son ingénieur et de deux ordonnances (1). Un hussard de Kayser se trouve devant lui et l'amuse par divers mouvements. Puis aussitôt part un coup de carabine d'un Tyrolien placé derrière un arbre, près de la route. Le général se retire du bois sans rien dire; tandis

(1) Ces deux cavaliers appartenaient au 17ᵉ chasseurs; l'un se nommait Martin; il avait servi avec lui dans la Légion germanique et ne l'avait jamais quitté; l'autre se nommait Albert. Ce dernier se précipita sur le chasseur tyrolien, qu'il sabra. Albert obtint plus tard, pour cette action, une carabine d'honneur.

que sa suite sabrait le hussard ennemi, le Tyrolien s'échappe.

« A trois cents pas du bois, Marceau se fait descendre de cheval, se disant mortellement blessé. On le porte d'abord sur deux fusils jusqu'au village, et de là, sur une mauvaise échelle, jusqu'à la rencontre d'un officier de santé.

« La balle avait percé les chairs du bras droit au-dessus du coude, était entrée sur les dernières côtes et était restée sous la peau du côté gauche, d'où elle fut retirée.

« Des grenadiers le portèrent, au milieu des plus vives douleurs, entre les colonnes de ses troupes et de celles du général Bernadotte. Quelle sensation sur le soldat ne fit pas son état! Ce n'était autour de lui que tristesse, cris de douleur! Plusieurs fois on fut obligé d'écarter la foule de ces braves soldats, qui se serraient pour voir encore une fois leur général, et racontaient ce qu'ils lui avaient vu faire. — Ah! que cette litière de douleur était bien le trône de la gloire!

« Le transport était long et pénible par la grande chaleur du jour; les grenadiers ne voulurent jamais qu'on les relevât. Au bout de trois heures de marche on arriva à la porte de la petite ville d'Alt-Kirken; là, il est reçu par son général en chef et les principaux officiers de l'armée. Les larmes coulent, Le silence, cette expression la plus sensible du sentiment règne un moment. Marceau souffre toujours beaucoup; mais il présente un front serein aux alarmes et aux pleurs de ses amis. Il ne se plaint que d'être regretté!

« A six heures du soir, il est porté chez le gouverneur prussien de la ville; il est très-faible et hors d'état d'être porté plus loin; l'ennemi

s'avance cependant. Jourdan consent avec peine
à l'abandonner à sa générosité, avec quelques
personnes de confiance pour le servir. Cruelle
séparation ! Triste moment ! Cœur de Marceau,
quels traits te percent, te déchirent !

« On le laissa reposer d'abord et l'on ne mit le
premier appareil qu'à sept heures du soir. Il
passa assez tranquillement la nuit, quoique souf-
frant beaucoup ; mais sa respiration était bien
gênée et son pouls égaré. Il avait peine à parler.

« Le lendemain (20 septembre) au matin, il
reçut la visite du capitaine des hussards de
Kayser, qui commandait les avant-postes. Cet
officier écrivit au général Haddik et lui fit passer
les lettres du général Jourdan à ce sujet.

« A neuf heures, le général Haddik vint le
voir et lui témoigna combien il était affecté de
son accident ; il lui offrit ses services et envoya
de suite son chirurgien pour le traiter de concert
avec les nôtres. Le général Kray en fit de même,
ainsi que le prince Charles. Tous ces officiers
généraux s'empressaient à le voir et à lui mar-
quer leur haute estime et leur douleur.

« Mais rien n'était plus touchant que les atten-
tions et les regrets du vieux et respectable
général Kray ; il resta longtemps près de son
lit, la tristesse peinte sur le visage ; il lui ser-
rait les mains, il cherchait à consoler tout le
monde (1).

« Le corps des hussards de Blankenstein et
de Banco, qui avaient le plus fait la guerre
contre lui-même, vinrent surtout le voir. Leur
douleur était vive, leurs vœux aussi sincères

---

(1) Cette scène historique a été retracée avec un grand
talent par M. Laurens, dans son tableau exposé au Salon
de 1877, représentant : *l'État-major autrichien devant le
corps de Marceau.*

que ceux de ses amis. Mais il l'avait senti, il fallait mourir. Il parla à tout le monde d'un grand sang-froid, avec cette douceur et cette affabilité qui lui étaient naturelles. On le sonda pour élargir la plaie du côté droit; malgré d'affreuses douleurs, il souffrit tout avec le courage le plus calme; il parlait à ses amis de sa mort comme d'un moment heureux, facile à passer. Il les consolait lui-même.

« Cependant le quatrième jour complémentaire (20 septembre 1796) des symptômes surviennent, ses yeux s'égarent, il rend beaucoup de sang; on n'ose plus le saigner. Il ne peut plus s'assoupir; ses douleurs ne lui laissent pas de relâche: il est certain de la mort, malgré les espérances qu'on cherche à lui donner.

« Le cinquième jour complémentaire (21 septembre), à une heure du matin, il dicte ses dernières dispositions et les signe; un moment après, il perd connaissance. Il ne parle plus que de soldats, de batailles, de sa retraite de Limbourg; il éprouve des étourdissements; il veut se lever.

« A trois heures du matin, il revient à lui; il reconnaît le général autrichien Elsnitz, lui dit son nom, donne quelques ordres et retombe dans sa faiblesse. Ses dernières paroles sont :

« Mon ami, je ne suis plus rien.

« Un moment après, il s'agite beaucoup; mais enfin son pouls se perd, les extrémités de son corps se glacent, ses yeux se fixent et se ferment.

« A six heures du matin, Marceau avait rendu le dernier soupir. Son corps reste entre les mains des Autrichiens, qui l'entourent et sont saisis de respect. Longtemps, ils considèrent ce vaillant jeune homme, moissonné à la fleur de l'âge, après avoir survécu à tant de combats. »

Un débat s'éleva alors entre les Autrichiens et nous. Ils voulaient rendre les honneurs à celui qui était mort parmi eux. L'armée de Sambre-et-Meuse réclamait la dépouille de son chef. Enfin l'ennemi céda, il renvoya le corps, entouré par une escorte d'honneur. La garnison d'Ehrenbreitstein sortit pour saluer le cortége; Kray lui-même était en tête. Marceau fut enterré le 23 septembre au soir, dans le camp retranché de Coblentz, et quand son corps fut descendu dans la terre, les canons de l'Autriche et ceux de la France confondirent leurs voix pour saluer le héros.

Kléber lui-même, Kléber, qui avait été architecte, fit le plan du tombeau, et une souscription fut ouverte dans l'armée de Sambre-et-Meuse pour édifier la pyramide tronquée, de vingt pieds à sa base, sur vingt-cinq de haut, qui devait relater sur ses côtés les hauts faits qui avaient illustré sa vie.

La pyramide consacrée à Marceau était placée sur le territoire prussien, entre Andernach et Coblentz, en vue du grand chemin, le long de la rive du Rhin.

Le capitaine du génie Souhait fit mettre, à la place même où Marceau fut frappé, une plaque de marbre avec cette inscription :

ICI FUT BLESSÉ A MORT

LE IIIe JOUR COMPLÉMENTAIRE DE L'AN IV

MARCEAU, GÉNÉRAL FRANÇAIS

REGRETTÉ ET PLEURÉ

DE L'ARMÉE, DE L'ENNEMI

ET DE L'HABITANT

Devenu possesseur de Coblentz, le roi de Prusse fut obligé de faire abattre le tombeau de

Marceau pour faire construire un fort sur son emplacement. Il fit conserver avec soin les matériaux pour les édifier ailleurs,

Primitivement, le monument du général Marceau se trouvait placé sur le Petersberg, non loin de l'embouchure de la Moselle, dans le Rhin. Mais en 1817, où l'on s'occupa de fortifier cette hauteur, l'on ne put empêcher que ce monument ne fût traversé par le tracé de la face droite de l'une des flèches du fort (flèche de Bubenheim).

Le désir de ne pas troubler (dit le lieutenant général de Thile, commandant à Coblentz) les cendres d'un valeureux ennemi fit alors naître la pensée d'incorporer le monument dans le revêtement maçonné de la flèche; mais cette idée fut jugée inexécutable.

On choisit l'emplacement actuel, qui est situé dans la gorge du fort *Français*, au pied d'une hauteur boisée, agréablement ombragée, et qui est même une promenade très-recherchée par les habitants comme par les étrangers.

C'est donc là, sur un tertre artificiel, que le monument a été rétabli exactement. On a conservé toutes les pierres et on les a rapportées rigoureusement à leur ordre primitif.

Ce monument représente une pyramide tronquée, ayant 20 pieds à la base sur 25 d'élévation. Les quatre faces portent des inscriptions.

Sur le côté ouest on lit : « Ici repose Marceau, né à Chartres, département d'Eure-et-Loir ; soldat à XVI ans, général à XXII ans. Il mourut en combattant pour la patrie, le dernier jour de l'an IV de la République française. Qui que tu sois, ami ou ennemi, de ce jeune héros respecte les cendres. »

Sur le côté sud : « Je voudrais qu'il m'en eût

coûté quart de mon sang, et vous visse en santé, mon prisonnier, quoique je sache que l'Empereur, mon maître, n'eut en ses guerres plus rude ni fâcheux ennemi. » (*Mémoires du chevalier Bayard*). Allusion aux paroles du général autrichien, baron de Kray.

Mais, comme a dit lord Byron, en décrivant le monument, « les inscriptions sont trop longues et n'étaient pas nécessaires ; il suffisait de son nom : Les Français l'adoraient, ses ennemis l'admiraient, les uns et les autres le pleurèrent. »

De cette existence si courte et si bien remplie l'on peut tirer un enseignement fécond : c'est que la conscience du devoir accompli soutient les grandes âmes au milieu des plus dures épreuves. Toute la vie de Marceau fut en effet un combat soutenu contre les ennemis du dehors, pour la défense de la patrie et de la liberté.

Marceau était grand, il avait cinq pieds quatre pouces ; il était élégant et distingué. Ses cheveux, longs encadraient sa belle figure. Son regard était ferme et perçant ; mais l'ensemble de sa physionomie avait une teinte mélancolique et triste. Il n'avait que vingt-sept ans quand il est mort, et déjà il avait montré qu'il avait en lui toutes les aptitudes et les qualités du véritable homme de guerre.

Désiré Lacroix

(*Rédacteur au Moniteur de l'Armée.*)

1057 — Paris. Imp. Laloux fils et Guillot, 7, rue des Canettes.

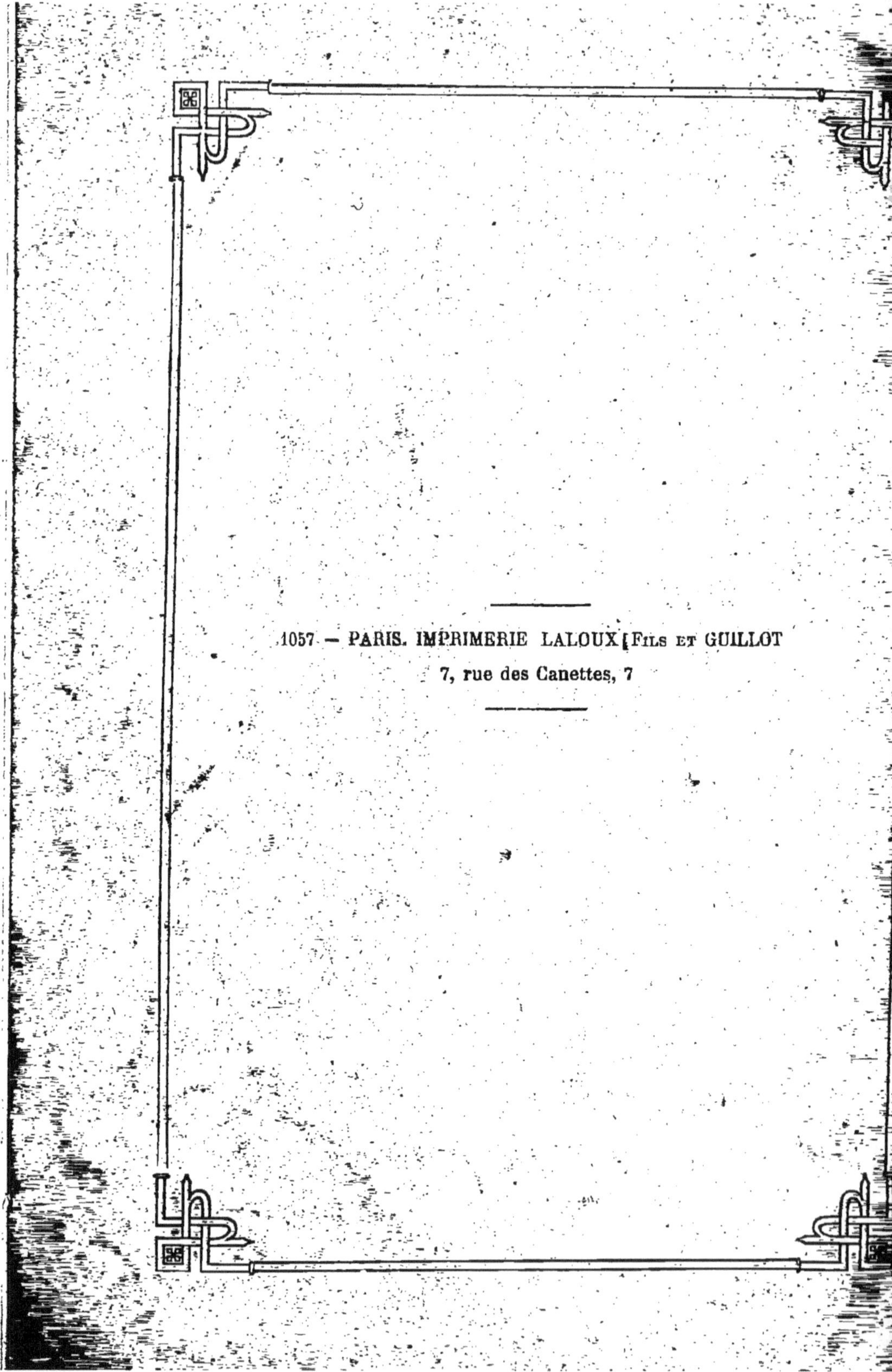

1057 — PARIS. IMPRIMERIE LALOUX [FILS ET GUILLOT

7, rue des Canettes, 7